Aa

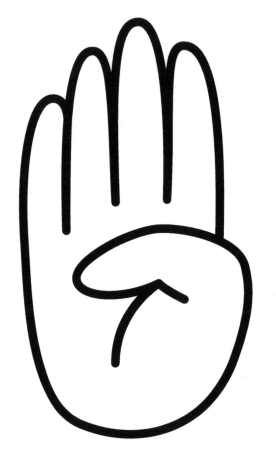

Bb

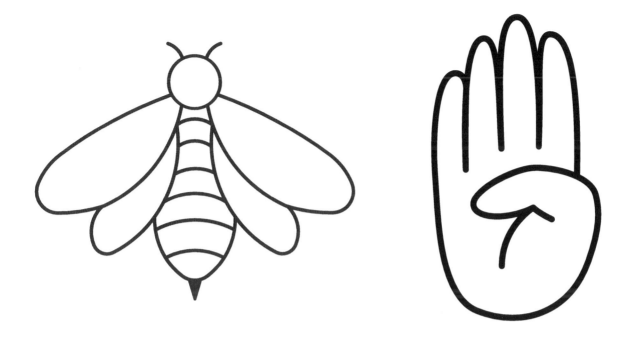

Bb Bb Bb Bb

Bee

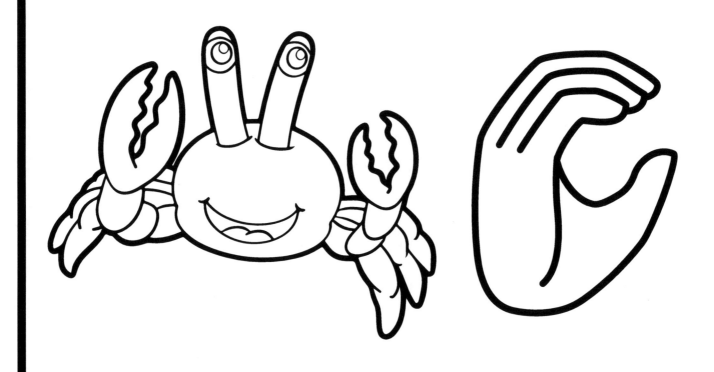

Cc Cc Cc Cc

Crab Crab

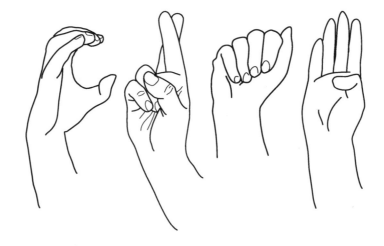

Dd

Dd Dd Dd Dd

Dog

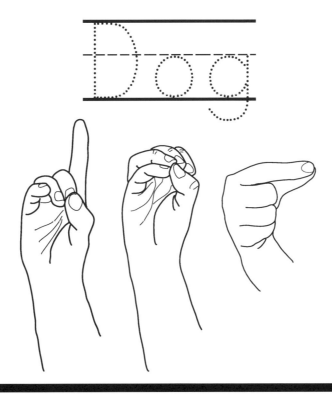

Ee

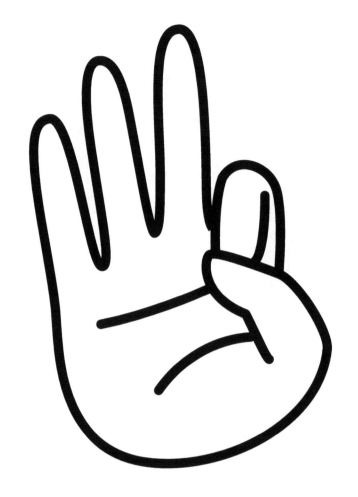

Ff

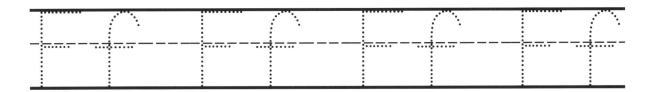

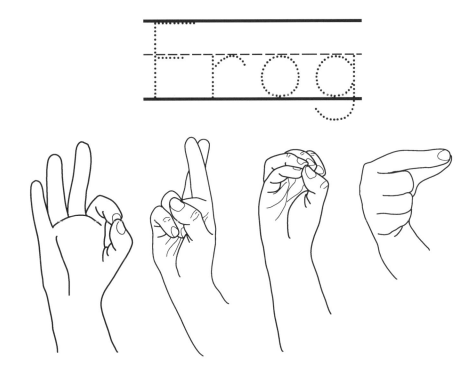

Gg Gg Gg Gg

Goose

Goose

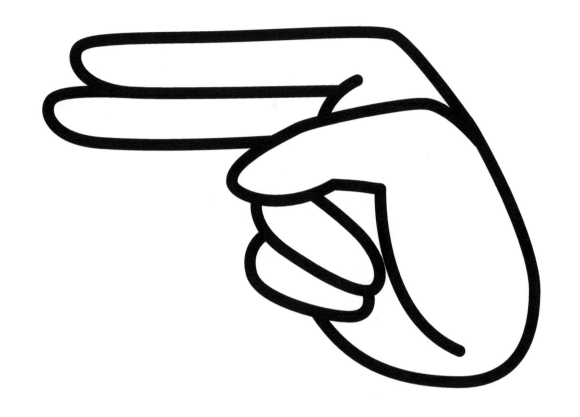

Hh

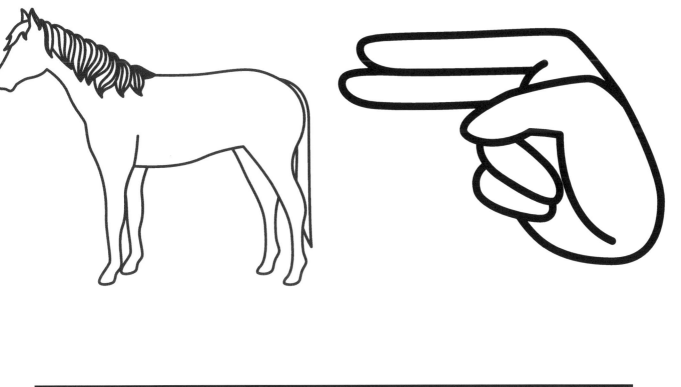

Hh Hh Hh Hh Hh

Horse

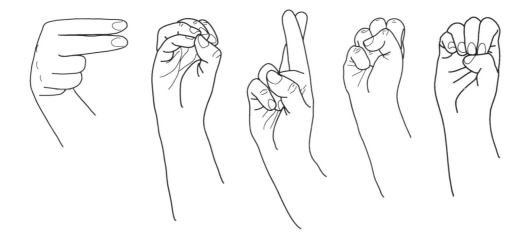

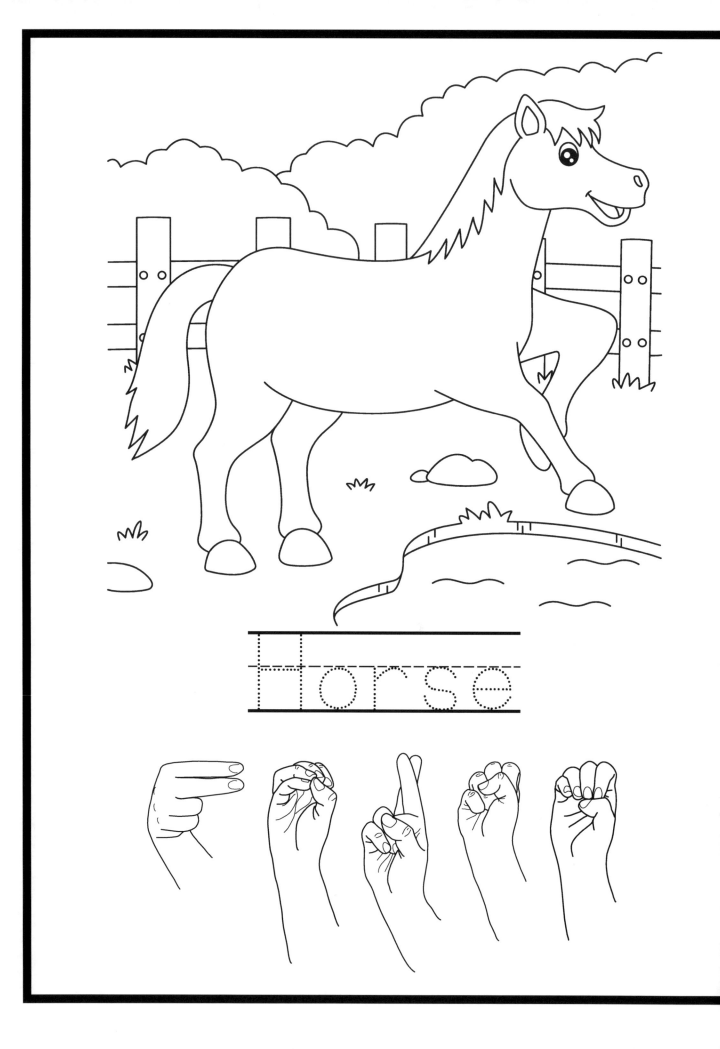

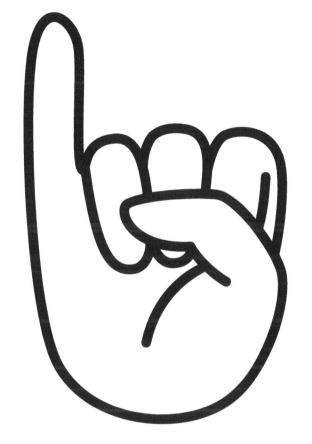

Ii

I i   I i   I i   I i   I i   I i

Iguana

Iguana

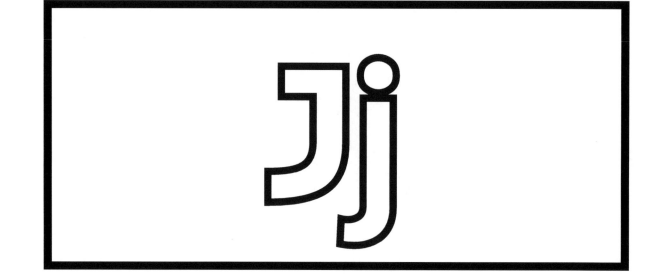

Kk

Kk Kk Kk Kk Kk

Kangaroo

Kangaroo

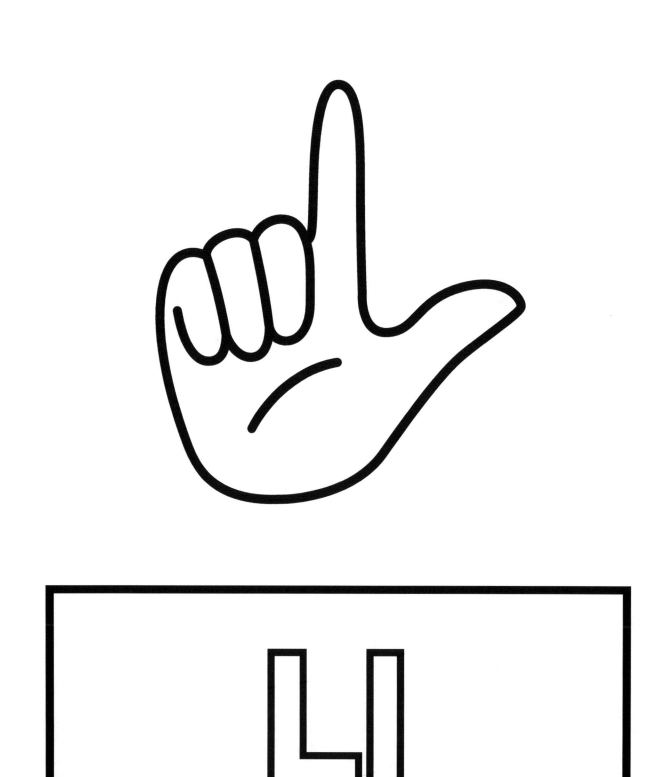

Ll

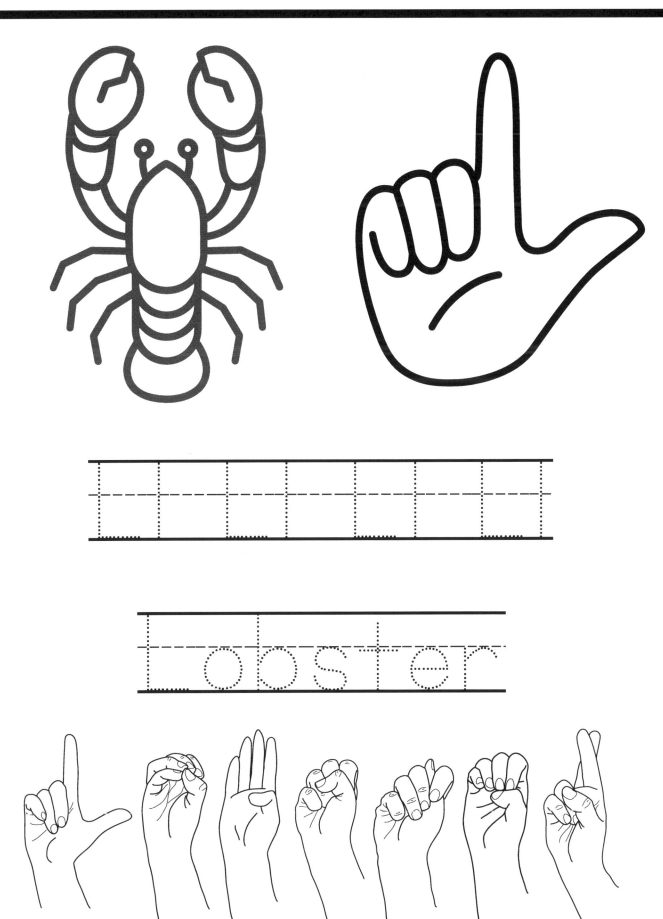

Mm

Mm Mm Mm

Mouse

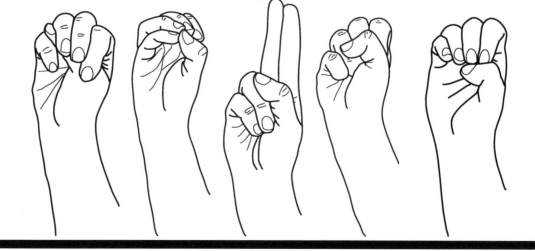

Mouse

Nn

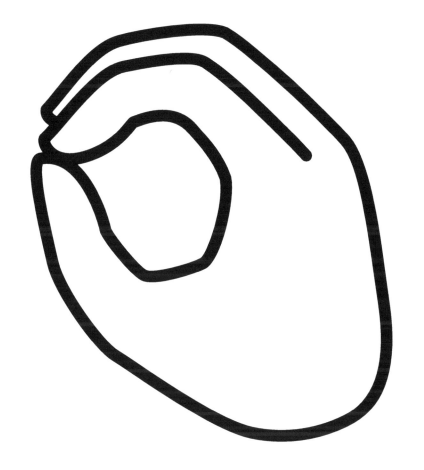

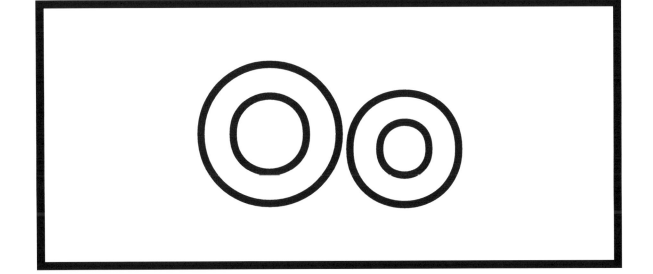

Pp

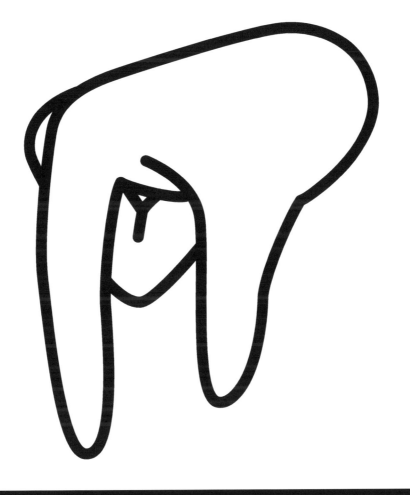

Rr

R r   R r   R r   R r

Rabbit

Ss

Snake

Tt

Uu

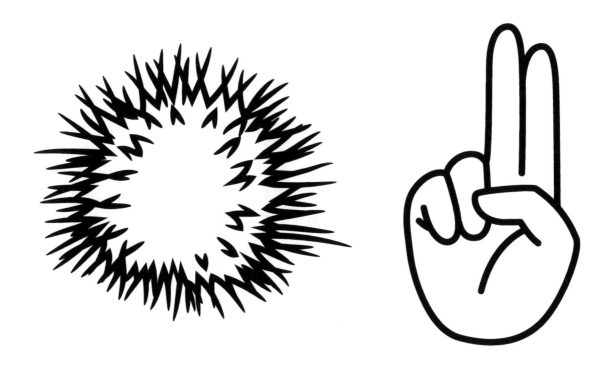

Uu Uu Uu Uu

Urchin

Urchin

Vv

Vv Vv Vv Vv Vv

Vulture

Ww

Ww Ww ww

Walrus

Walrus

Xx

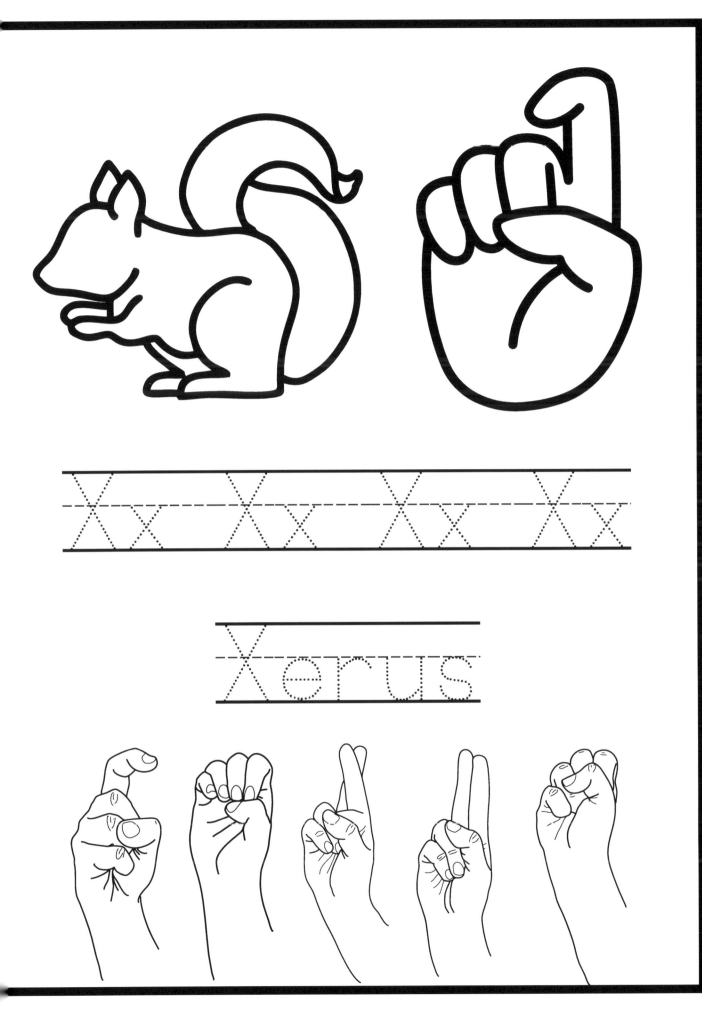

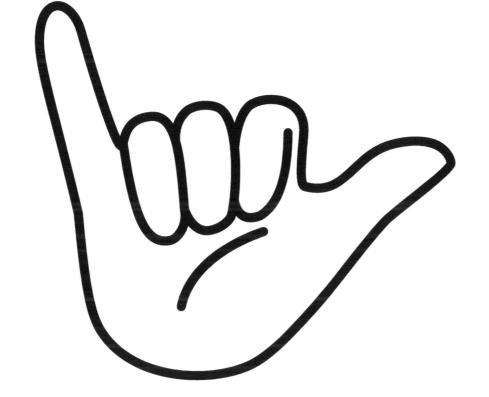

Yy

Zz

Z z z z z z z z z

Zebra

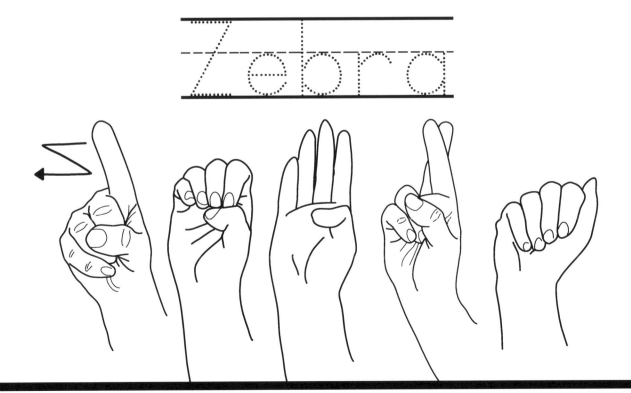

Made in United States
Orlando, FL
26 November 2024

54507941R00043